Mentalidad CREATIVA

MIKEL ALVIRA

110 APUNTES
BREVES
PARA ENTRAR
EN ACCIÓN

Mentalidad CREATIVA

Ediciones Eunate

Diseño de cubiertas: Carlos Ortega-IGLOBAL 3D
Fotografía de autor: Yolanda Molano

© 2024 Ediciones Eunate
e-mail: eunate@eunateediciones.com
www.eunateediciones.com
© Mikel Alvira
ISBN: 978-84-7768-500-5
Depósito Legal: DL NA 1639-2024

A Koldo

ÍNDICE

110 APUNTES BREVES PARA ENTRAR EN ACCIÓN

Si lo que buscas es un recetario para ser creativo o la fórmula mágica de la creatividad, lo siento, estás en el lugar equivocado.

Si lo que quieres es convertirte en una persona creativa de la noche a la mañana solo por leer este libro, sin pensar ni trabajar duramente, lo siento igualmente, tampoco esto te va a ayudar.

Si lo que quieres es que te provoque y te haga pensar, entonces tal vez sí hayas acertado.

Esto es lo que cuento, las conclusiones que obtengas y cómo las aplicas es ya cosa tuya.

Mikel Alvira

Uno.
CONCEPTO

Uno.

CONCEPTO

1. Ojo con los gurús

No te creas todo lo que te cuenta el primer gurú que se cruce en tu camino. Mucho menos si no es gurú.

El terreno de la creatividad está repleto de voces expertas que dan lecciones de cómo habrían de hacerse las cosas, pero mi consejo es que te fíes más de tu intuición y de las conclusiones de tus errores que de las intuiciones y errores de otras personas. Ni siquiera te creas todo lo que te cuento en este libro. Piensa que ni soy gurú ni soy experto. Eso sí, errores sumo unos cuantos.

Si pese a ello quieres seguir leyendo, enhorabuena: tal vez encuentres algo que te sirva.

2. Los de la RAE sí que saben

La creatividad no es un concepto ni estable ni unívoco ni estanco. Lo salpica todo, es complicado de definir y acepta tantas interpretaciones como personas. Crea tu propia definición.

Si has decidido dedicarte a la creatividad o quieres incorporarla en tu quehacer diario, si eres una persona creativa, si crees en la innovación y en el cambio, olvida los academicismos y ponte manos a la obra: deja las definiciones para la gente de la RAE.

3. Conectar, conectar, conectar

La creatividad puede definirse como la habilidad de conectar ideas aparentemente dispares para crear algo nuevo. Steve Jobs una vez dijo: «La creatividad simplemente consiste en conectar cosas».

Desde esta perspectiva, ser una persona creativa implica ver las relaciones entre conceptos que otras no pueden ver. Aunque no seas de Apple, puedes asumir esta definición: a mí no me ha ido mal. Añadiría que soy más creativo cuantas más ideas y personas conecto. Conectar personas: esa fuente inagotable de inspiración.

4. La medida es la persona

Las musas no existen. Las personas inspiradoras sí.

«La inspiración existe, pero tiene que encontrarte trabajando», dicen que dijo Pablo Picasso.

Yo creo que tiene que encontrarte trabajando... o dialogando con personas interesantes.

La creatividad se magnifica al compartir ideas con personas de diferentes campos y perspectivas. Participa en talleres, reuniones creativas o proyectos colaborativos. Este intercambio de ideas puede abrir nuevas vías de pensamiento y llevar tus proyectos a dimensiones inesperadas.

5. Ponte una alarma en el reloj

La creatividad actúa como flujo de conciencia. ¿Demasiado elevado? Inspirado en la psicología, este punto de vista describe la creatividad como un estado de flujo, donde el individuo está completamente inmerso en una actividad y pierde la noción del tiempo y el yo. Mihály Csíkszentmihályi, quien popularizó este concepto, sugiere que la creatividad florece cuando estamos en este estado de dejarse fluir.

Con todo, no está mal que tengas el reloj a la vista. Normalmente no estamos inmersos en una creación tan brillante como para terminar llegando tarde a una cita, quemándose el cocido o perdiendo un tren. Cuando seamos Shakespeare o Modigliani ya nos permitiremos esos lujos.

6. Seres evolucionantes

Algunos científicos y pensadoras argumentan que la creatividad es una herramienta de supervivencia, un mecanismo evolutivo que nos permite adaptarnos a nuevos entornos y resolver problemas complejos. Desde esta perspectiva, la creatividad es fundamental para la evolución humana.

En cierta ocasión estuve en una empresa asesorando a su equipo directivo en una de esas charlas que llaman «motivacionales». Cuando les pregunté a qué se debía su éxito, la mayoría habló de trabajo y tesón, solo algunos hablaron de objetivo e ikigai, muy pocos lo hicieron sobre la cultura de la organización; una persona dijo que la razón de sus logros estaba en que eran creativos y constantemente estaban adaptándose. Nos sonreímos.

7. Un poco de caos

Un poco de caos no viene mal. Sobre todo si pensamos que creatividad y caos muchas veces van de la mano. Las ideas no llegan secuenciadas ni bajo los preceptos de la taxonomía de Bloom. Algunas artistas y creativos describen su proceso como un descenso al caos, de donde emergen ideas brillantes. Esta visión enfatiza la importancia de sumergirse en la desorganización y la incertidumbre para encontrar destellos de genialidad. Yo, que soy bastante organizado, no soy muy amigo de descender a infiernos ni escenarios caóticos, no tiro de absenta ni entro en círculos autodestructivos creyéndome así más creativo. Al contrario, milito un ordenado caos constructivo.

8. Introspección

Hay un concepto de creatividad que la sitúa en el ámbito de lo personal. Desde un ángulo más introspectivo, la creatividad es la expresión pura del yo interno. Es un medio para manifestar nuestros pensamientos, emociones y visiones más íntimas en el mundo exterior. Aquí, la creatividad se ve como un acto de valentía personal y autenticidad.

No está mal como punto de arranque.

9. ¡A las barricadas!

Hay una definición de creatividad que habla de rebelión, vista como un acto de respuesta contra lo convencional, una forma de resistencia contra normas y expectativas establecidas. Este enfoque destaca el valor disruptivo de la creatividad y su poder para provocar cambio.

Quizá lo revolucionario aquí sería ir contra ese convencionalismo y situarme en la resistencia con esa definición establecida. Tú verás. Lo que sí te digo es que el mundo de la creatividad está repleto de falsos canallas, guerrilleros impostados, revolucionarios de postín y malencarados de cartón-piedra.

10. ¿Jugamos?

Hay quien ve la creatividad como un juego, un proceso de exploración libre de juicio donde el objetivo es descubrir y experimentar por el puro placer de hacerlo. Esta perspectiva enfatiza la importancia de la curiosidad y la experimentación.

En esta línea, suelo decir que lo que me interesa del acto creativo es el proceso y que lo creado es la conclusión lógica de dicho proceso. Ahora bien, si jugamos, estemos dispuestos a perder. No pasa nada. Algo inconcluso o mal ejecutado no es un fracaso si el proceso ha sido interesante.

11. ¿Vagancia creativa?

La vagancia nunca ayuda a la creatividad. Hay un concepto que la sitúa en el campo del esfuerzo. Contrario a la noción romántica del genio inspirado por musas, esta visión sostiene que la creatividad es el resultado de un trabajo arduo y disciplinado. Thomas Edison afirmó: «El genio es un uno por ciento de inspiración y un noventa y nueve por ciento de transpiración». Se le encendió la bombilla.

12. Pon un artista en tu equipo

Se nos llena la boca con la palabra *innovación* aplicada a cual-quier campo. En el mundo de los negocios, la creatividad se entiende a menudo como la capacidad de resolver problemas de manera novedosa y eficiente. Este enfoque subraya la crea-tividad como una herramienta práctica, esencial para la adaptación y el progreso.

Ojalá más personas auténticamente creativas en los equipos de trabajo, sea cual sea el área.

13. Arranca estas páginas

Lo dicho: deja las definiciones a los eruditos. Mejor echarse al barro. Arranca estas páginas, olvídalas... y ponte a crear.
Al fin y al cabo, la creatividad es eso, crear, sea lo que sea que creemos.

Dos.
MANOS A LA OBRA

14. Contexto

Rodéate de inspiración: Transforma tu espacio de trabajo en un santuario de creatividad. Incorpora en él obras de arte, música y libros que admires. Este ambiente estimulante es un recordatorio constante de la belleza y la innovación, incentivándote a generar ideas frescas.

Los creadores muy buenos (o con mucho oficio) son capaces de crear en cualquier contexto, pero no cabe duda de que un buen ecosistema ayuda a generar ideas... ¡y a llevarlas a cabo!

De joven yo mismo presumía de ser capaz de escribir hasta en los lugares más inverosímiles. Hoy prefiero nutrirme de belleza, serenidad, placidez: un buen paisaje, un entorno ordenado, una música apropiada... Sin creer en torres de marfil, la escenografía ayuda. Al menos en mi caso.

15. Arremángate

Déjate de monsergas y crea. Si esperas a tener el lugar precioso y preciso del que te he hablado unas líneas más arriba, tal vez nunca crees. La creatividad no puede estar supeditada a un *sancta sanctorum*. Arremángate y entra en acción. Si las ideas te sacuden el pecho o la cabeza, olvida el número 14 y ponte a ello.

16. Libretas, libretas, libretas y más libretas

Lleva un Diario Creativo: dedica un cuaderno exclusivamente para anotar ideas, sueños y pensamientos. No importa lo pequeña o absurda que parezca una ocurrencia, anótala. Con el tiempo, este diario se convertirá en una mina de oro para proyectos futuros y fuentes de inspiración inesperadas.

Yo acumulo libretas y libretas que voy rellenando. Nunca empiezo por la primera página, sino que las uso como repositorio de papel. A veces tengo en danza varias libretas y cuadernos a la vez. Cuando se han terminado, las guardo en cajas. Con frecuencia las reviso para comprobar lo tonto que fui, lo visionario que fui, lo ingenuo que fui o para recuperar proyectos que, por la razón que fuera, quedaron sin desarrollar.

Es habitual que me sorprenda conmigo mismo.

17. Rompe la rutina

Cambia tu rutina diaria regularmente. Tomar un nuevo camino al trabajo, probar una afición diferente o incluso alterar tu horario puede provocar nuevas ideas. Estos cambios rompen la monotonía, abriendo tu mente a nuevas posibilidades.

Con cierta organización y optimización del tiempo, una vida flexible, ser condescendiente con uno mismo y escapar de la monotonía son ingredientes para una mente creativa.

Albert Einstein nos dejó esta perla al respecto: «La mente que se abre a una nueva idea jamás volverá a su tamaño original».

18. El espíritu Jeep

Conectar con la naturaleza es una de mis fuentes de serenidad, inspiración y encuentro con mi yo profundo. Dedica tiempo a estar al aire libre, ya sea dando un paseo por el parque o simplemente observando las nubes. La belleza y complejidad del mundo natural pueden despertar ideas creativas.

A eso lo llamo «espíritu Jeep» porque me veo al volante de mi Jeep recorriendo vastos paisajes de montaña a lo John Denver mientras suena *Take me home* y yo tejo en mi cabeza la más hermosa novela jamás escrita. Vestir camisas de cuadros, calzarme una gorra de estilo leñador canadiense y perderme por carreteras recónditas, echarme la mochila a la espalda, embarrar mis botas y lanzar la vista más allá de las cumbres son fuentes de inspiración constante, no porque escriba sobre ello, sino porque me serena el alma y me carga de energía para acometer los procesos creativos. En Pirineos, eso sí.

19. Siesta

En un pueblo maravilloso de la sierra de Huelva, Fuenteheridos, escribí una de mis primeras novelas aprovechando que el resto de la familia se arrojaba a la siesta después de comer. Nunca he sido de siestas, hasta hoy en día. ¿De pijama y orinal? No, siestas digitales.

En la era digital, la sobrecarga de información puede abrumar y sofocar la creatividad. Dedica tiempo a desconectar de dispositivos electrónicos y redes sociales. Este tiempo de desconexión permite que tu mente descanse y se regenere, creando espacio para la innovación.

Por no hablar de las continuas distracciones digitales a las que cualquier persona se ve arrastrada, incluso cuando está creando.

20. Contra el reloj

Escribí *El color de las mareas* en un mes. Cada semana pasaba a mi corrector cien páginas. No lo aconsejo como sistema de trabajo. Pero no cabe duda de que, en ocasiones, cierta presión agudiza el ingenio. No es bueno crear con plazos apretados, pero tampoco sin plazos. He visto muchos proyectos sucumbir (propios y de agencias creativas) por no tener claro el calendario. Cuando rodé el *teaser* de la serie *En el Zulo*, contábamos solo con seis horas de luz. Fue un estrés; el resultado, brillante. La serie nunca se estrenó (¿quién dijo que todo proceso da como fruto un producto comercial?), pero la experiencia fue maravillosa.

21. Que te duela el culo

He conocido muchas personas que aspiran a, por ejemplo, escribir una novela..., pero luego confiesan que les da pereza sentarse a escribir. Yo les suelo decir: mira, no hay atajos; escribe, escribe, escribe... borra, reescribe, corrige, reescribe... Mete horas. Te tiene que doler el culo; si no te duele el culo es que no has estado lo suficiente en la silla. Con frecuencia, la creatividad requiere esfuerzo: las cosas no se hacen solas. Nadie pinta un cuadro por ciencia infusa, nadie termina una novela por aliento divino, nadie genera un nuevo esquema en su organización en dos minutos. Crear cuesta trabajo.

Tres.
EQUIVÓCATE

22. Aceptación

Acepta el error. Entiéndelo como una parte esencial del proceso creativo. Cada error te ofrece una valiosa lección y te acerca un paso más a una solución innovadora. Aprende de ellos y sigue adelante con renovada determinación. ¿Demasiado buenista? Tal vez, pero te aseguro que tu crecimiento como creador vendrá antes de los tropiezos (y de los aprendizajes que obtengas de ellos) que de tus éxitos.

El propio Jordan habla de los 9000 lanzamientos a canasta que ha fallado en partidos oficiales. En cierta ocasión, me pidieron organizar un Desafío (www.desafiomas.com) para una multinacional. Llevé como ponentes a primeras espadas que hablaron de sus errores. Fue muy inspirador.

23. No anticipes el fracaso

En una de mis charlas TEDx cité a Fleming y su lapsus, gracias al cual descubrió la penicilina. Sin ser él y sin Premio Nobel, también yo, gracias a un error, tuve un acierto. Suena a oxímoron, pero a veces sucede. Presenté varias opciones de *claim* a una empresa; por error, se me coló una propuesta de las previamente descartadas. Es la que escogió la empresa. Recuerdo que cuando abrí ante ellos el dosier y descubrí que habíamos incluido la que se suponía que estaba desechada, entré en pánico (en aquella época entraba en pánico). Lo que pensaba que iba a ser un fracaso resultó ser una opción perfecta. ¿Conclusión? Date tiempo antes de rasgarte las vestiduras, cada persona entiende de una manera la creatividad y sus frutos.

24. No es lo mismo

La canción de Alejandro Sanz decía: «No es lo mismo ser que estar. No es lo mismo estar que quedarse, ¡qué va! Tampoco quedarse es igual que parar». Tampoco es lo mismo cometer un error que fracasar. El fracaso y el error son conceptos interrelacionados, pero distintos. El error implica una acción incorrecta o un juicio equivocado en un proceso, una acción o un resultado. Es una discrepancia entre lo que se esperaba y lo que realmente sucede.

Por otro lado, el fracaso es el resultado negativo o la falta de éxito en la consecución de un objetivo o una meta específica. Mientras que el error puede ser parte del proceso de aprendizaje y mejora continua, el fracaso implica una evaluación más amplia y puede ser percibido como un obstáculo significativo.

Creo que en el campo de la creatividad los errores no solo se dan, sino que han de darse; pienso, asimismo, que el fracaso es no intentarlo.

25. ¡Equivócate!

En el proceso creativo, los errores no solo son normales, sino también vitales. Cada tropiezo, cada desviación del plan original, es una oportunidad de aprendizaje y crecimiento. Al abrazar el error como parte del viaje creativo, liberamos nuestra mente del miedo al fracaso y nos permitimos explorar sin límites. Los errores nos desafían a replantear nuestras ideas, a buscar soluciones innovadoras y a descubrir nuevos caminos hacia la excelencia. Recuerda: en la creatividad cada error es un peldaño hacia el éxito, una lección invaluable que nos acerca un paso más a la realización de nuestra visión creativa.

26. No me pegues

En el mundo de la creatividad, el error a menudo es el trampolín hacia la innovación. Y un ejemplo emblemático de esto es el descubrimiento del pegamento Post-it. Spencer Silver, un químico de 3M, buscaba crear un adhesivo ultrafuerte, pero lo que desarrolló fue un pegamento débil. Aparentemente un error, pero fue su colega, Art Fry, quien vio el potencial al utilizarlo para marcar páginas en su libro. Este error en el laboratorio se convirtió en el nacimiento de uno de los productos más icónicos, los pósits, demostrando cómo los errores pueden conducir a avances creativos significativos.

27. ¿Quieres más? Hablemos del holandés

Un ejemplo notable de equivocación es la obra *La noche estrellada* de Vincent van Gogh. Originalmente, van Gogh pintó el cielo nocturno con estrellas blancas sobre un fondo oscuro. Sin embargo, al agregar el azul intenso en espiral alrededor de las estrellas, creó un efecto que captura la imaginación y las emociones del espectador. Este «error» se convirtió en uno de los elementos más reconocibles y poderosos de la obra, y demuestra cómo la experimentación y la disposición a desviarse del plan original pueden conducir a logros creativos inesperados.

28. Una retirada a tiempo es una victoria

Pero, cuidado. No todo vale. Si crees que realmente has metido la pata hasta el corvejón, no te importe desandar el camino, deshacer lo hecho, por mucho que te haya costado.

Borra, rompe, empieza de nuevo.

Recuerda que en la creatividad no se penaliza el reseteo; más bien al contrario, volver al folio en blanco suele ser garantía de lucidez.

29. El NO puede ser un SÍ

Un ejemplo notable de alguien que decidió romper su obra y comenzar de nuevo es J.K. Rowling. Antes de alcanzar la fama mundial con la serie de libros de Harry Potter, Rowling experimentó numerosos rechazos de editoriales para su primera novela. En lugar de conformarse con los noes, decidió reevaluar y reescribir su historia desde cero, enfrentando los desafíos con determinación y creatividad. Este acto de coraje y perseverancia no solo la llevó a completar esta famosa saga que capturó la imaginación de millones de personas en todo el mundo, sino que también inspira a otros a nunca rendirse en la búsqueda de sus sueños creativos.

30. Escribe tus errores

En lugar de acumular éxitos, premios en las vitrinas y diplomas en las paredes, colecciona errores. La creatividad se nutre tanto de inspiración como de aprendizaje..., y no cabe duda de que de los errores se aprende. Escríbelos, anota cada fallo, cada golpe de timón, cada no y cada razón de cada no. Anota cada vez que has borrado o reconducido un proyecto. Seguramente te servirá en el futuro para revisar tu camino, para reforzar tus lecciones y, quién sabe, quizá hasta para cultivar la humildad.

31. Dramas, los justos. No es un yogur

Piensa que probablemente no vayas a crear el Método Toyoda ni a revolucionar el sistema financiero mundial, no vas a esculpir el *Laocoonte y sus hijos* ni vas a componer *Rigoletto*, así que mantente en calma y entiende que tu creatividad ha de ser fruto, sobre todo, de tu serenidad. Evita peajes innecesarios. Cuando te equivoques, cuando algo no te convenza o cuando recibas un no, sin dramas: la creatividad no caduca, no es un yogur.

32. Atención

La práctica de la atención plena te ayuda a centrarte en el momento presente, y con ello te calma la mente de distracciones y preocupaciones. Este estado de calma facilita el flujo de ideas y estimula la creatividad al permitirte observar el mundo desde una nueva perspectiva.

Cultiva tu serenidad, tu fortaleza interior, tu tranquilidad; en definitiva, déjate seducir por tu mejor versión y seducirás al mundo con tus ideas.

33. Rompe las reglas

El finado actor Robin Williams, interpretando a John Keating en la película *El club de los poetas muertos*, obligó a sus alumnos a romper la página del libro de texto en el que se explicaba, mediante un eje de coordenadas, dónde radicaba la excelencia de la poesía. Haz lo mismo con tus sesgos, tus normas, tus herencias limitantes, tus temores. Atreverte a romper la hoja de tus coordenadas te llevará, seguramente, a sentirte perdido, pero, a la vez, a disfrutar de una creatividad plena.

No digo que te vuelvas anarquista, gratuitamente transgresor, ni que vayas a reinaugurar el Romanticismo. Hablo de no tener miedo a equivocarte. Al fin y al cabo, ¿qué es lo peor que puede pasarte? ¿Que te equivoques?

34. Adelántate

En los años 70 la idea de tener un ordenador personal en casa era considerada extravagante. A pesar de las burlas iniciales, la visión de Steve Jobs y Steve Wozniak con su Apple II allanó el camino para la revolución de la informática personal.

En sus primeros días la imprenta fue vista con sospecha y resistencia y Johannes Gutenberg, más que como un tipo creativo, era considerado por muchos como un loco y su invento les parecía inútil, cuando no peligroso, por abundantes mentes inmovilistas...

¿Quieres más ejemplos de personas que han desafiado a su tiempo? Búscalas en internet. Supongo que, si la creatividad genera revolución, el mundo la ve con recelo.

Cuatro.
CREATIVIDAD EN EQUIPO

35. Fomenta la diversidad

La diversidad en habilidades, experiencias y perspectivas estimula la generación de ideas innovadoras. Construye equipos multidisciplinares que aporten diferentes enfoques a tus desafíos.

Una de las frases que me impulsó a seguir desarrollando la iniciativa Desafío Más hace diez años fue la del sociólogo Jon Leonardo, doctor de la Universidad de Deusto, quien, en la revisión de la jornada, espetó con vehemencia que le había encantado eso de juntar a expertos de tan distintas disciplinas porque él personalmente estaba «hasta el moño de ir a congresos donde solo había sociólogos». Tomé su idea y me lancé como loco a conectar personas de distintas áreas de conocimiento y trabajo, dándome cuenta de que los resultados de las reflexiones eran más ricos que cuando solo conectaba cerebros del mismo campo del saber.

36. Crea un ambiente de confianza

La creatividad florece en un entorno donde los miembros del equipo se sienten libres para expresar sus ideas sin temor al juicio. Fomenta la confianza y celebra el riesgo constructivo. El pensamiento único y la creatividad nunca se han llevado bien.

37. Metas

Fija metas desafiantes pero alcanzables: establece objetivos ambiciosos que inspiren a tu equipo, pero asegúrate de que sean factibles. Las metas desafiantes motivan la creatividad al tiempo que evitan la frustración. Lo razonable suele ser más estimulante que lo inalcanzable, aunque nos creamos lo contrario.

Huye de esa idea de que los límites están en tu cabeza. No, no es cierto. Yo ahora mismo, por mucho que me lo plantee, no puedo correr un maratón en tres horas como hacía con cuarenta años. Plantearme la meta de repetir esa marca resultaría frustrante... y seguramente terminaría lesionado. Los límites existen; asumirlos es parte del éxito. Recuerda que, como persona creativa, no es necesario ser un genio para vivir en paz.

38. Curiosidad

Fomenta la curiosidad constantemente, incentiva a tu equipo a explorar nuevas ideas y aprender paso a paso de manera continua. La curiosidad es la chispa que impulsa la innovación, así que alienta la investigación y la búsqueda de soluciones fuera de lo común.

39. Paraguas

Facilita sesiones de lluvia de ideas, o de *brainstorming* si eres un moderno. Organiza encuentros para aportar ideas estructuradas donde se promueva la participación activa de todas las personas. Anima a pensar sin límites y a construir sobre las propuestas de los demás. No hay idea mala.

En una de esas sesiones alguien me planteó la peregrina, loca y absurda idea de unir dos novelas que tenía entre manos y hacer de las dos un único libro. Aquella locura me sacudió y, en lugar de descartarla por peregrina, la adopté como reto. El resultado fue mi obra *La novela de Rebeca*, uno de los títulos que más se han vendido, auténtica pieza matrioska.

Eso sí, ten listo un paraguas por si arrecia la lluvia; en ocasiones las locuras pueden inundarnos.

40. Reflexión

La creatividad no siempre surge de manera instantánea. Brinda a tu equipo tiempo y espacio para reflexionar, pensar y dejar que las ideas maduren antes de tomar decisiones.

41. Ayuda a tolerar el fracaso

El miedo al fracaso puede frenar la creatividad. Cultiva en tu equipo una cultura donde los errores se vean como oportunidades de aprendizaje y se celebren los intentos valientes.

En cierta ocasión tuve la fortuna de ayudar a preparar una de sus célebres conferencias-masterclass al doctor Unai Jiménez, cirujano torácico, una eminencia. La orientamos hacia los errores, hacia la pesadumbre de la tradición judeocristiana frente a ellos y hacia la ética protestante que explica Webber en su obra. La charla fue un éxito.

Nota: el mérito fue suyo, del doctor, por supuesto.

42. Colabora, colabora

Facilita la colaboración entre diferentes departamentos y áreas de especialización, o la tuya propia y persona con otros perfiles profesionales. La combinación de conocimientos puede dar lugar a soluciones únicas e innovadoras. No basta con unir, con conectar, hay que lograr que cada cual ponga lo mejor de sí mismo. Sumar multiplica.

43. Invierte en desarrollo personal

Apoya el crecimiento y desarrollo individual de quienes traba-jan contigo. Cuanto más valoradas y respaldadas se sientan, más propensas serán a contribuir con ideas creativas y novedo-sas. No quieres *followers*, quieres personas implicadas con el proyecto. ¡Déjalas crecer! Es más... ¡¡provoca que crezcan!!

44. ¿Un brindis?

Celebra los éxitos y reconoce la creatividad: esto refuerza la importancia de la innovación y motiva a los empleados a seguir buscando nuevas formas de mejorar y crecer.

Cinco.
MEZCLA OBJETOS, CONCEPTOS, IDEAS...

45. Drama animado

Antes de su lanzamiento, la combinación de animación y drama no estaba garantizada. Sin embargo, *El Rey León* se convirtió en un clásico atemporal, desafiando las expectativas y redefiniendo la animación. Toma nota.

46. Ideas aparentemente sin conexión

En un esfuerzo por reducir el uso de bolsas plásticas, las Eco-Sack fueron introducidas en 2008 con un diseño duradero y reutilizable, inspirando un cambio global hacia prácticas más sostenibles. Mezclar algo tan cotidiano como una bolsa y algo tan sublime como la protección del medio ambiente dio como resultado un logro.

47. ¿Y si siempre puedes tomarte el café caliente?

La HotWave, lanzada en 2015, incorporó tecnología de autocalentamiento a una taza de café. Con solo presionar un botón, los usuarios pueden mantener su bebida caliente durante horas, eliminando la dependencia de fuentes externas de calor.

Algo parecido sucede con mi chaleco térmico, que me mantiene la espalda a buena temperatura gracias a que a alguien se le ocurrió mezclar la idea de prenda de vestir con el concepto de calefacción mantenida con batería externa y USB. Un doble tirabuzón, vamos.

48. Llaves con Localizador GPS FindMeKeys

Unamos dos objetos: el llavero y el satélite artificial. Las llaves con localizador GPS, conocidas como FindMeKeys, llegaron en 2017 para aliviar el estrés de perder objetos pequeños. Esta innovación permite a los usuarios rastrear la ubicación exacta de sus llaves a través de una aplicación móvil.

49. ¿Qué va a ser lo siguiente? ¿Plegar el coche?

La UrbanFold revolucionó la movilidad urbana en 2010 al presentar una bicicleta plegable compacta. Diseñada para poder adaptarse a espacios reducidos, esta bicicleta se convirtió en una solución popular para viajeros urbanos.

50. Tengo una idea: energía solar y lamparita

La SunGlow llegó en 2016 como una lámpara de mesa alimentada por energía solar. Diseñada para uso en exteriores, se cargaba durante el día y proporcionaba iluminación sostenible por la noche, fusionando funcionalidad y ecología. Lo que había sido monopolio de las grandes instalaciones (placas solares) llegó a los hogares en versión mini.

51. Alguien acabó harto de cables

Con la eliminación de cables molestos, los auriculares inalámbricos SoundSync se lanzaron en 2019, ofreciendo una experiencia auditiva sin restricciones y una mayor comodidad durante las actividades diarias. Me imagino la reunión en la que los creativos, los ingenieros y los directivos pusieron sobre la mesa la extravagante idea de… «¿y si quitamos el cable a los cascos?».

52. Tu turno

No hay ideas locas que no merezcan llegar al folio. Aprovecha esta página para anotar en ella alguna de esas ocurrencias que, con un poco de estrategia, pueden llegar a ser algo. Sería una bonita manera de optimizar el papel.

Seis.
ANTE EL FOLIO EN BLANCO

53. Reconoce la ansiedad como un síntoma habitual en las personas creativas

Enfrentar el folio en blanco puede ser un desafío, pero también es el comienzo de un viaje creativo único. No hablo solo de escribir. Folio en blanco como arranque de cualquier proyecto —personal, laboral, vital—. Si entiendes ese folio en blanco no como una barrera, sino como el inicio de algo trascendente (crear lo es), se convierte en una aventura.

La teoría la sabes. Gestionar la ansiedad es otra cosa. La creatividad a menudo se alimenta de la incertidumbre, y aceptar este hecho es el primer paso hacia la liberación.

54. Divide y vencerás

En lugar de abrumarte con la idea de enfrentar un proyecto creativo completo, descomponlo en pasos más pequeños y manejables. Al abordar cada parte individualmente, el folio en blanco se convierte en una serie de oportunidades, no en una amenaza.

Murakami dice que nunca se sienta a escribir si no sabe qué escribir. Me gusta la idea. No soy ni Murakami, ni japonés, pero sigo a rajatabla esa premisa y jamás me siento a crear si no sé qué voy a crear. Para ello, pienso antes de ponerme al lío. Por cierto, pienso cuando corro, cuando paseo, cuando conduzco, cuando cocino...

55. Diapasón

Crea un ambiente propicio para la creatividad estableciendo un ritmo y una rutina. Ya sea un momento específico del día o una rutina previa al proceso creativo, generarás un ambiente predecible que disminuirá la ansiedad.

De alguna manera, plantéate la creatividad como una manera de ser, no como una tarea. Verás que todo marcha mejor. Eso sí, dedícate tiempos.

56. Explora sin expectativas

Libérate de la presión de producir algo perfecto desde el principio. Permítete explorar sin expectativas, como si estuvieras jugando. La creatividad fluye más fácilmente cuando no estás obsesionado con el resultado final.

Esto se ve muy bien en los procesos de innovación en las empresas. También en los trabajos de las agencias de marketing y publicidad. En ocasiones, la presión excesiva o la necesidad de contentar a jefes, clientes o mercados no es una buena aliada. Encontrar el equilibrio suele ser la clave.

57. Sal a la calle

Busca inspiración fuera de tu propio mundo creativo. Explora otras disciplinas, observa el arte, lee libros o escucha música. La inspiración externa puede desencadenar nuevas ideas y enfoques. Habla con personas de toda índole.

A veces me preguntan dónde me inspiro para mis ideas, ya sea para un guion, un libro, un espectáculo… No sé, imagino que ahí fuera, en el mundo, en la vida. Difícilmente la mente es creativa dentro de cuatro paredes.

58. No temas a las ideas malas

Deshazte del miedo a las ideas que consideras malas. A menudo estas ideas pueden ser la chispa que enciende una nueva dirección creativa. Anota todas las ideas, incluso las que parezcan descabelladas en un principio.

De esto ya hemos hablado. Nunca sabes de qué estercolero va a surgir la idea buena o cuándo una idea mala para ahora pasa a ser buena para el futuro.

59. Controla el reloj

El tiempo ilimitado puede ser abrumador. Establece límites de tiempo para tus sesiones creativas. Saber que solo dedicarás, por ejemplo, 20 minutos al inicio puede reducir la ansiedad y permitirte sumergirte más fácilmente en el proceso. No digo que tengan que ser exactamente 20. A veces necesitarás 40 y a veces tramos de 8 minutos. ¿Qué sé yo! Son solo ejemplos. Pero planifícate y ponte metas volantes antes de acometer la etapa.

60. Cambia tu perspectiva

Experimenta con diferentes perspectivas y enfoques. Si te enfrentas a un bloqueo creativo, intenta cambiar tu punto de vista física o conceptualmente. A veces, un simple cambio de lugar puede invocar nuevas ideas. No me refiero solo al hecho de escribir, pintar, componer...

Esto es algo en lo que incido mucho cuando trabajo con equipos: en ocasiones la rutina o los sesgos nos hacen creer que solo hay un camino. A veces basta con levantar la mirada del suelo para comprobar que las cosas pueden hacerse de otra manera.

Un ejemplo: en cierta ocasión, ante el bloqueo que experimenté en la realización de un guion para un vídeo corporativo de una gran compañía, decidí irme a escribir a otra ciudad. Tuve suerte y resultó.

Otro ejemplo: bastó con cambiar la hora y el lugar de la reunión periódica de un equipo de trabajo para que surgieran nuevas ideas. ¿Causalidad? Seguramente sí. O estrategia: atrévete y prueba.

61. Acepta la evolución creativa

Comprende que el proceso creativo es una evolución constante. Tu trabajo no tiene que ser perfecto desde el principio. Acepta que las ideas evolucionan y se perfeccionan con el tiempo y la dedicación. Sé paciente contigo mismo, contigo misma, humilde con tu obra y pon atención a lo que te digan los demás. Nadie es infalible; ni siquiera el gran Miguel Ángel Buonarroti lo fue.

62. Coquetea con Diógenes

Guarda tus borrones, garabatos, bosquejos. Guarda tus libretas, los folios con lluvias de ideas, los diagramas en servilletas de papel. En realidad, no ocupan tanto y, además de ser un buen repositorio de posibilidades, te darán noticia de lo mucho que has trabajado.

Manteniendo una razonable distancia con el síndrome de Diógenes, no descartes tus intentos, borradores y ocurrencias. Nunca sabes si alguna vez vas a necesitar algo que intuiste en el pasado.

En cierta ocasión, se me solicitó un guion para un documental de corte histórico. Inmediatamente recordé en qué libreta guardaba los bocetos de una novela ambientada en el mismo contexto, novela que nunca llegué a desarrollar, pero cuyo esquema me fue útil para el documental. No siempre funciona, pero en aquella oportunidad sí.

Siete.
FRIKIS

63. Sé un friki

En el intrincado mundo de la creatividad, hay quienes temen ser tildados de frikis debido a su innovación audaz. La sociedad, a veces, malinterpreta la originalidad como excentricidad. Sin embargo, recordemos que las mentes más creativas a menudo desafían las normas, abriendo nuevos caminos y explorando fronteras desconocidas.

Si ser considerado un friki significa abrazar la singularidad, entonces, ¿por qué no celebrar esa etiqueta? La creatividad florece cuando nos atrevemos a ser diferentes, desafiando las expectativas y construyendo un mundo donde la innovación y la originalidad son apreciadas, independientemente de las etiquetas impuestas por la sociedad.

64. No seas un friki

En el reino de la creatividad, la audacia a menudo lleva a la incomprensión. Aquellos cuyas mentes tejen ideas innovadoras pueden encontrarse solos en su visión. Sin embargo, entre la creación y la comercialización yace un abismo. Ser creativo es abrir puertas a lo desconocido; vender lo creado implica traducir esa audacia en términos accesibles para otros. El desafío radica en equilibrar la pureza de la creatividad con la realidad pragmática del mercado. Aunque puedas ser incomprendido al principio, la habilidad de articular y vender tus creaciones permite que la audacia se traduzca en impacto tangible.

65. ¿Una sonrisita, por favor?

Creo firmemente que sin humor no hay creatividad.

Esto no significa que estemos todo el día de guasa y cachondeo, sino que hemos de mantener una actitud amplia de miras, una sonrisa franca y una enorme capacidad para reírnos de nosotros mismos.

66. Quien no se arriesga no cruza la mar

La creatividad ha de aliarse con la valentía. En entornos encor-
setados no va a aparecer ni la creatividad del líder ni la de las
personas de su equipo. Ni está ni se la espera. Por eso hay que
escuchar las ideas de todos y hay que apostar por aquello en lo
que creamos de verdad, aunque en principio parezca descabe-
llado.

Aquí entran en juego la seguridad en uno mismo, la asertividad,
la intuición y la determinación, rasgos esenciales del líder innovador que o se cultivan o no hay creatividad que valga.

67. Pregunta a tu abuela

Tener la etiqueta de innovador no te convierte en infalible. Ser considerada una persona creativa no te hace perfecta ni te confiere el don de ver el futuro; tampoco el título otorga una varita mágica gracias a la que vas a tener respuesta para todo. Pregunta a los demás, a los expertos, a quienes tienen más experiencia en tu equipo, a los mayores del lugar, a tu abuela... Con frecuencia las ideas creativas surgen de personas que no tienen etiquetas.

68. Dejad que los niños se acerquen a mí

Escucha al becario, al que lleva poco en tu equipo, al inexperto... Ya eso es un signo de liderazgo innovador. Si además lo haces con los oídos bien abiertos, si destilas sus ideas, si las sabes aprovechar en aquello que sea aprovechable, si valoras la valentía y además generas conexiones, no solo fomentarás la creatividad de tu equipo, moldearás a las personas con menos rodaje y les harás ver que pueden ser creativas.

69. Lee o lo que sea

Leer es un acto revolucionario. Si tu equipo sabe que lees, si comentas tu última novela (¡o poemario!), si saben que acudes a conciertos (y no solo de la Sinfónica), si ves series o has ido a ver una peli de los Goya, entenderán que tu vida no se nutre solo de lo que tiene que ver con el trabajo. Queremos líderes relacionados con el mundo real, no volcados en exclusiva a la empresa.

Si además saben que escribes, pintas, bailas o compones piezas de jazz, haces maquetas de Lego o inventas recetas de cocina fusión, mejor que mejor.

70. Respira

El líder también respira. Sal al campo, sube cimas, corre o anda en bici, navega, pesca, cultiva gardenias o ten un huerto urbano. Lo que sea que hagas para cargarte de energía, para respirar. La creatividad necesita que nos encontremos a gusto con nosotros mismos. No hay líder creativo que viva asfixiado por los problemas cotidianos.

Cuando se iba a poner en marcha la Misión Apolo, el director del proyecto llamó a su equipo y les pidió que llevaran a las instalaciones de la NASA sus balones de baloncesto, su guante de béisbol, sus zapatillas de correr o lo que fuera que les hiciera sentir mejor. Iban a meterse en una vorágine de trabajo en los siguientes catorce meses y los quería a todos con la mente despejada y creativa, así que los obligaba a desconectar haciendo deporte al menos una hora al día.

71. Quéjate

Es bastante innovador que el líder se queje... de sí mismo. No te quejes del mundo, del contexto, de la economía global. Recuerda que son esferas fuera de tu control y ante las que, por mucho que te quejes, poco vas a poder hacer.

Tampoco te quejes de tu equipo, de personas concretas o de los superiores. Al fin y al cabo, quejarte te sirve de poco. Ni siquiera de consuelo.

Quéjate de ti mismo: eso sí que mola. Asume tus limitaciones, tus errores y tus dudas y verás que todo fluye mejor. Ahora bien, no te pases. Trátate con cariño, que eres la persona más importante de tu vida.

72. Publicítate como creativo

Si no eres creativo, se te notará. Por mucho que publicites tu talante creativo, si no lo eres, no lo eres... y acabará viéndose que te has convertido en un fraude.

Pero si lo eres, hazte valer, demuéstralo. Una vez que adquieras la autoridad como creativo, todo será más sencillo.

73. ¿Se nace o se hace?

¿Nacemos creativos o es la creatividad un músculo que se ejercita y fortalece con el tiempo? Desde la cuna algunos parecen destilar una esencia creativa palpable. Sin embargo, la creatividad también se nutre de la experiencia y el aprendizaje. Es el resultado de la curiosidad que nos impulsa a explorar, de la valentía que nos anima a desafiar la norma. Se esculpe a través de la perseverancia, de la voluntad de enfrentar la incertidumbre y el fracaso.

Hay quienes nacen con un don para la creatividad, pero es la cultura, el entorno y la disposición a cultivar ese don lo que determina su desarrollo.

La creatividad, en última instancia, es un viaje personal. Puede surgir en la infancia, pero también puede descubrirse en las encrucijadas de la vida. Lo interesante es creer en ella.

Lo fascinante reside en el acto de crear, independientemente de dónde provenga su chispa inicial.

Ocho.
LOS MISERABLES

74. En la escuela

La necesidad de imponer el cultivo de la creatividad en las escuelas surge como un imperativo en un mundo en constante evolución. En un contexto donde las habilidades del siglo XXI demandan flexibilidad, pensamiento crítico y capacidad para resolver problemas, la creatividad se erige como un pilar fundamental en la educación contemporánea.

Introducir el cultivo de la creatividad en las escuelas no implica simplemente agregar actividades artísticas al plan de estudios, sino integrar la creatividad en todos los aspectos del aprendizaje. Esto supone fomentar un ambiente donde los estudiantes se sientan libres para explorar, cuestionar y crear, sin temor al fracaso o al juicio.

75. Para la democracia

La democracia, como sistema que valora la diversidad de ideas y perspectivas, requiere del cultivo de la creatividad para prosperar. Como mencionó el pedagogo, psicólogo y filósofo John Dewey: «La educación no es preparación para la vida; la educación es la vida misma». En una sociedad democrática, fomentar la creatividad en todos los ámbitos promueve la innovación, el pensamiento crítico y la resolución de problemas.

La creatividad alimenta la capacidad de adaptarse a los desafíos cambiantes y nutre la participación ciudadana activa. En esencia, la creatividad no es un lujo, sino un pilar fundamental para el florecimiento de la democracia.

76. En las empresas para el siglo XXI

En las empresas competitivas la creatividad no es solo un activo, es una necesidad imperativa. Como dijo Steve Jobs, «la innovación distingue entre un líder y un seguidor».

En un entorno empresarial dinámico, la creatividad impulsa la diferenciación, la adaptabilidad y la resolución de problemas. Las empresas líderes fomentan la creatividad a través de programas como «20 % de tiempo libre», en el que los empleados pueden explorar ideas propias. Imponer el cultivo de la creatividad en las empresas no solo mejora la productividad, sino que también asegura la relevancia y la sostenibilidad en un mundo empresarial en constante evolución.

77. En la vida social

En la era de las redes sociales y las relaciones virtuales, el cultivo de la creatividad en las relaciones se vuelve esencial. En un mundo digital donde la interacción se limita a pantallas, la creatividad desbloquea nuevas formas de conexión auténtica. Ejemplos como los grupos de arte comunitario demuestran cómo la creatividad enriquece las interacciones humanas más allá de los dispositivos. Imponer el cultivo de la creatividad en las relaciones sociales no solo revitaliza la comunicación, sino que también nutre la empatía y la comprensión en un paisaje social cada vez más digitalizado. O entendemos que lo esencial del ser humano es la comunicación real, transparente y generosa o estamos abocados a una comunidad de adictos al algoritmo. Y para romper esta inercia... tenemos que demostrar que somos creativos.

78. En la creatividad

En la industria creativa la innovación es la moneda de cambio. En un campo donde la originalidad es la divisa principal, imponer el cultivo de la creatividad es vital. Ejemplos como Netflix, con su enfoque disruptivo en la producción de contenido, muestran cómo la creatividad puede transformar industrias enteras. La necesidad de crear nuevos contextos y fórmulas impulsa la evolución continua de la industria creativa. Quienes desafían las convenciones y abrazan la creatividad como una fuerza motriz son quienes marcan el ritmo del cambio.

79. En el liderazgo

Sé un líder innovador, creativo. Atrévete. Piensa que lo que se espera de ti no es que mandes, es que orientes. Solo con la mente abierta y con altas dosis de audacia te significarás como líder. Ser creativo no es ser extravagante ni aplicar la última moda importada de Silicon Valley. Tampoco es que pongas un futbolín en la zona común ni que hagas Prezis en lugar de Power Points.

Ser creativo es ofrecer soluciones accesibles, adaptadas y eficaces a cada persona, pero, sobre todo, es ofrecerse como una fuente inagotable de buenas ideas... y con buena cara.

Nueve.
MAMÁ, QUIERO SER ARTISTA

80. El arte de desaprender

Para tener mentalidad creativa a veces hay que desaprender lo aprendido. Romper con las reglas, desafiar los límites y atreverse a explorar lo desconocido. La creatividad florece en la tierra fértil de la mente abierta. Lamentablemente, la escuela coarta la creatividad la mayoría de las veces. Howard Gardner, padre de la nueva filosofía educativa, es muy crítico con el desarrollo de la creatividad en el aula. Tal vez si quieres ser creativo debas olvidar mucho de lo que te han inculcado en el colegio. Desaprende para reaprender.

81. El llamado de la Creatividad

¿Quién no ha sentido alguna vez ese impulso, esa voz interior que susurra, a veces grita, «¡Crea!»?

La creatividad es esa musa traviesa que nos seduce con sus promesas de libertad y expresión. Me permito darte solo un consejo: si oyes esa voz, hazle caso y crea. Aunque no domines la técnica, aunque no tengas seguridad, aunque pienses que es para nada. Crea. Crear gratuitamente, espontáneamente, erróneamente, es el mejor punto de arranque.

82. La profesión del caos

Ser un profesional de lo creativo es abrazar el desorden como parte del proceso. Es como tratar de domar una tormenta: impredecible, salvaje y, a veces, completamente destructiva. Pero oh, qué belleza puede surgir de sus embistes. Así que prepárate para una vida marcada por la grandeza de la creatividad y las penurias del creador.

No, no es verdad que ser creativo haya de llevar a la bohemia y la precariedad, pero sí te aviso de una cosa: una mente creativa es una mente en constante torbellino. Doy fe de ello.

83. La locura genial

Dicen que, para ser un gran artista, hay que ser un poco loco. Bueno, dicen que la locura y la genialidad siempre han ido de la mano. Piénsalo: ¿cuántos genios se han vuelto locos tratando de capturar la esencia de su arte? Yo te diría que te relajaras. No has de acabar como una cabra ni, seguramente, llegues a ser un genio. Simplemente disfruta del proceso y déjate llevar. El oficio de creativo tiene más de eso, de oficio, que de genialidad.

84. Prefiero una infusión

Aunque suene paradójico, la creatividad también necesita su dosis de rutina. Picasso pintaba todos los días, Hemingway escribía todas las mañanas. Decía Cela que él escribía ocho horas al día. Paul Auster confesaba sus tediosas sesiones de trabajo. La constancia es la musa invisible que nos acompaña en nuestro viaje creativo. Así que, si tu trabajo es ser creativo, sé creativo. Déjate de monsergas y de buscar a la musa en la puerta de tu estudio, oficina o tienda y ponte a crear. Trabaja duro, trabaja duro, trabaja duro.

No hace falta buscar la inspiración en lugares exóticos. A veces, la mayor magia se encuentra en lo cotidiano: en una conversación con un desconocido, en el reflejo del sol en un charco, en el aroma del café por la mañana. Y te lo dice uno a quien no le gusta el café.

85. Sé revolucionario: inspira

La creatividad es subversiva por naturaleza. Desafía el *statu quo*, cuestiona las normas y despierta conciencias. Ser creativo es ser un agente de cambio en un mundo sediento de nuevas ideas y perspectivas. Aprovecha tu creatividad, no solo para ganarte la vida, sino también para contribuir a que el mundo sea un poquito mejor.

Tenemos la posibilidad y la responsabilidad de dirigir la creatividad hacia la transformación.

No hagamos envoltorios, inspiremos.

86. La competencia no son quienes crees

Ningún artista es una isla. Ni siquiera Leonardo lo fue. La creatividad prospera en el intercambio, en la colaboración y en la comunidad. Juntos, juntas, podemos construir un mundo más colorido, más vibrante, más creativo. Alíate con otros creativos, no ejerzas tu profesión como un francotirador. Inspírate e inspira, aprende de otras personas, copia, emula, divulga, comparte. Tu competencia no son los demás creativos; tu competencia es la no-creatividad.

87. Échate a temblar

¡Ah, la era de la inteligencia artificial! ¿Quién iba a pensar que nuestros ordenadores serían tan inteligentes como para jugar al ajedrez, conducir coches e incluso... escribir poesía? La IA ha irrumpido en el escenario creativo con un estruendo digital. Antes, ser un artista significaba años de estudio, práctica y una dosis saludable de angustia existencial. ¿No es emocionante? ¡O aterrador! Depende de cómo lo veas. Por un lado, la IA puede ser una aliada poderosa, una compañera digital que te ayude a desbloquear nuevas formas de expresión. Por otro lado, ¿dónde queda la magia de la creatividad humana? ¿Dónde están el sudor, las lágrimas y los bloqueos? Con un par de clics, puedes generar una obra maestra con el poder de la tecnología.

Nota: quizá son más que dos clics.

Diez.
EJEMPLOS CREATIVOS QUE ME HAN INSPIRADO

88. El sueño de Voltaire

Voltaire escribió en 1755 su obra *Cándido o el Optimismo*. Esta novela satírica, llena de ironía y humor negro, desafió las convenciones sociales y religiosas de su época, inspirando un nuevo enfoque crítico y reflexivo hacia la vida y el pensamiento creativo. No digo que sea el causante, pero sí que es un ejemplo de mente abierta capaz de romper los sesgos.

89. El movimiento surrealista de Salvador Dalí

Salvador Dalí desafió las normas de la realidad con su arte surrealista. Sus pinturas oníricas, como *La persistencia de la memoria*, exploraron los rincones más oscuros de la mente humana, inspirando una nueva forma de expresión artística que sigue fascinando al mundo hasta el día de hoy. Del mismo modo que él, Rothko siempre me ha parecido genial precisamente por audaz.

90. Sin punto

Gabriel García Márquez y su forma de escribir, a veces prescindiendo de los convencionalismos en las normas de puntuación, ha sido una inspiración en algunas de mis creaciones.
Reivindico la literatura abstracta, si existiera. Sería maravilloso escribir un Malevich.

91. Gropius

La Bauhaus (1919), con su enfoque revolucionario en la integración de arte y funcionalidad, inspiró mi creatividad desde que tuve noticia de su fundador, Walter Gropius. Su énfasis en la experimentación, la simplicidad y la colaboración interdisciplinar sirven como recordatorio de que la innovación surge de la ruptura de límites establecidos. La Bauhaus nos enseña que la creatividad florece cuando exploramos nuevas técnicas y abrazamos la interacción entre diferentes campos. Su legado perdura como inspiración para diseñadores, arquitectos y artistas que buscan (buscamos) transformar el mundo a través de una actitud creativa.

92. Bach, pero no el músico, sino el escritor

Juan Salvador Gaviota, la obra de Richard Bach, ilustra la búsqueda incansable de la excelencia y la libertad. Juan, una gaviota que desafía las normas de su comunidad, persigue sus sueños de volar más allá de los límites impuestos. Su valiente exploración del potencial humano y su deseo de trascender las expectativas convencionales inspiraron mi creatividad ya en la adolescencia, cuando lo leí por primera vez.

La historia enseña que el camino hacia la realización personal requiere coraje, determinación y la disposición de desafiar los sesgos heredados. Juan Salvador Gaviota nos recuerda que la transformación surge cuando nos atrevemos a volar alto y seguir nuestros sueños.

93. Mi padre

La figura de mi padre, con su perseverancia y dedicación, ha sido una fuente constante de inspiración para mi creatividad. Su habilidad para enfrentar desafíos con ingenio y resolver problemas con imaginación ha dejado una profunda impresión en mí.

Observar cómo encontraba soluciones creativas a situaciones cotidianas me enseñó a pensar fuera de lo convencional y a buscar nuevas perspectivas en mis propios proyectos creativos. La creatividad de mi padre no solo radicaba en sus acciones, sino en su actitud, siempre haciéndose preguntas, alimentando así mi propio impulso creativo, en especial en sus últimos meses de vida, en los que nos dio una auténtica lección de resiliencia, aceptación y serenidad.

94. *Interstellar*

La vida de Hans Zimmer, reflejada en el documental homó-
nimo, es un manantial de inspiración para la creatividad. Su
enfoque innovador y su profundo compromiso con la música
narran una historia de perseverancia y pasión y, sobre todo, de
inconformismo. Zimmer desvela los entresijos de su proceso
creativo, desde la concepción hasta la ejecución, revelando la
importancia de la experimentación y la búsqueda constante. Su
capacidad para transportar emociones a través de la música,
combinada con su dedicación implacable, me invita a explorar
los límites de mi propia creatividad.

95. Rosa Puente

Granadina de pulsión, parisina de residencia, la escultora Rosa Puente, a la que conocí en Oporto, ha significado y significa un constante acicate en mi creatividad.

Por las preguntas que me hace, por los retos que me plantea y por su absorta dedicación al acto creativo. De ella he aprendido que hay que equivocarse para acertar, que hay que manchar para progresar y que no hay angustia que no se gestione con una buena dosis de creación.

Once.
NACIDOS PARA SUFRIR

96. La duda persistente

La incertidumbre sobre la calidad del trabajo realizado atormenta a muchos creadores. Incluso quienes tienen mucho éxito se enfrentan a la pregunta constante de si su creación es suficientemente buena. Un consejo: duda…, pero que el análisis no te lleve a la parálisis. Muchas veces, para salir de la duda es mejor crear, aunque te equivoques.

97. La presión del perfeccionismo

La búsqueda de la perfección puede paralizar a los creativos, impidiendo que compartan su trabajo con el mundo por miedo al juicio y la crítica. Creo que yo lo fui (perfeccionista). Ahora soy más práctico que perfeccionista, sobre todo porque una justa condescendencia es siempre mejor que una demoledora autoexigencia.

98. El bloqueo creativo

El bloqueo es un muro invisible que paraliza e interrumpe la inspiración y la fluidez creativa, dejando a los artistas en un estado de frustración y estancamiento. Recuerda a Murakami. Crea incluso sin ganas. La musa tal vez surja de las agujetas.

99. La falta de reconocimiento

La exposición constante a la crítica, ya sea constructiva o destructiva, puede afectar profundamente la confianza y la integridad de la persona creadora. Huye del elogio fácil tanto como de los comentarios tóxicos. Trabaja tu ego para que te afecten lo justo. Sin necesidad de convertirte en un monje zen, cultiva tu inteligencia emocional y tu desapego. A menudo, los creativos luchan por ser valorados y recompensados adecuadamente por su trabajo, lo que puede llevar a sentimientos de subestimación y desánimo. Ojo con crear para ser reconocido; crea por crear y, si se te reconoce, que sea por añadidura. Y cuidadín con los *likes*: la creatividad y el algoritmo no siempre van de la mano. Te lo digo yo, que soy un pelele en Instagram.

100. La competencia despiadada

En campos saturados de talento, la competencia feroz puede hacer que los creativos se sientan como si estuvieran luchando en un mar de similitudes, luchando por destacar. Ya te he dicho antes que la competencia es la no-creatividad, no los otros creativos. Alíate, aprende, inspira. No libres batallas inútiles.

101. La inestabilidad financiera

Muchos creadores luchan por encontrar estabilidad económica en industrias donde los ingresos pueden ser irregulares y las oportunidades escasas. Pero no te engañes, no les pasa solo a los creativos. Por el hecho de dedicarte a la creatividad, no te creas en el ombligo del mundo de las penurias. La precariedad no es monopolio del oficio.

102. La soledad del proceso creativo

La creación puede ser un viaje solitario, donde las personas creativas se enfrentan a la soledad mientras exploran nuevas ideas y expresiones. Aunque es bueno trabajar en equipo, a veces se atraviesan desiertos. Personalmente no me incomodan: creo que es necesaria cierta dosis de agorafobia para disfrutar del momento de compartición. En ocasiones la idea surge detrás de una duna del más remoto paisaje desértico.

103. La falta de apoyo emocional

Algunos creativos se encuentran con la falta de comprensión y apoyo emocional de amigos y familiares que no entienden los desafíos únicos de su profesión. No te vengas abajo. O sí. Al fin y al cabo, si de verdad eres una persona creativa, sabrás inventar la manera de reponerte.

104. La autocrítica destructiva

La tendencia a realizar demasiada autocrítica puede llevarte a una espiral descendente de negatividad, minando tu confianza y autoestima. Olvídate. Nunca serás Frank O. Gehry ni Pedro Almodóvar ni Coco Chanel. No pasa nada. Simplemente disfruta del proceso y sé feliz; en el fondo, quizá la vida no vaya de ser los mejores del mundo, sino de ser lo mejor que cada cual puede ser.

105. La falta de inspiración

Los momentos de sequía creativa pueden dejar a los artistas desesperados por encontrar nuevas ideas y perspectivas, preguntándose si alguna vez recuperarán su chispa creativa. Eso es bueno, hará que no te acomodes. En más de una ocasión he pensado que ya no tenía ideas; por fortuna, siempre termina por imponerse alguna, aunque sea un *remake* o la versión mejorada de alguna de aquellas malas ideas que había descartado.

106. La gestión del tiempo

Equilibrar la creatividad con las demandas diarias puede ser un desafío monumental, dejando a muchos creativos luchando por encontrar el tiempo y la energía para dedicarse por completo a su proceso. Reconozco que a veces me he ensimismado tanto que se me ha pasado el tiempo volando, pero te aseguro que nunca me he saltado una comida, una cita o tender una lavadora.

107. La falta de estructura

Para algunos creativos, la falta de una rutina establecida puede dificultar la productividad y la consistencia en su trabajo. Organízate. El hecho de dedicarte a la creatividad no te da patente de corso. Y cumple plazos a no ser que seas Antonio López, o acabarás por tener que buscar otro trabajo porque tus clientes han volado por ser un tardón.

108. La búsqueda de la originalidad

En un mundo saturado de contenido, encontrar una voz única y original puede ser un desafío monumental. Pero no te obsesiones. Velázquez y Cervantes ya innovaron por ti. Y Magritte y Picasso. Mozart hizo lo propio, y *Bohemian Rapsody* ya dio el campanazo. Quizá no sea tan fácil eso de ser original, así que, ante todo, mucha calma. Lo de que o te distingues o no existes hay que cogerlo con pinzas.

Sé tú, haz lo tuyo, cultiva tu expresión. Los dramas pueden esperar.

109. ¿Y esto es todo?

No, claro que no. El tema daría para 220 notas más. Para 330, seguro. La cuestión no ha hecho más que empezar. Este libro ha sido solo una visión, la mía, tan particular que, seguramente, resulte incompleta, sesgada y superficial. ¿Qué esperabas? ¿La fórmula de la Coca-Cola?

Insisto: ahora es cuando empieza el tema a ponerse interesante, porque tienes por delante la posibilidad de entrar en acción: escoge un reto, por pequeño que sea, y comienza hoy. Sí, no procrastines: comienza hoy, comienza ya. ¡Ánimo!

Doce.
CONCLUSIÓN

Completar este libro me ha llevado mucho tiempo porque, como suelo decir, escribir es mucho más que teclear.

Seguramente, sin todo lo que he vivido hasta considerarme un hombre con mentalidad creativa, no habría podido acometer este trabajo. Ni imaginas la cantidad de bocetos y borradores que, por fortuna, han jalonado el viaje. Como siempre, lo fascinante es el proceso; este volumen no es sino la conclusión de ese proceso.

Para terminar, permite que te diga algo. Da igual en qué campo te muevas, el artístico, el de la gestión o producción, el del liderazgo, el de la educación... Sea como sea y sea donde sea, hazte preguntas, plantéate retos. Indaga y no te creas lo primero que oigas o leas; cultiva el espíritu crítico. Recuerda que no hay atajos, sino constancia; las musas tienen poco que ver con todo esto; una mirada amplia, positiva y audaz, mucho.

110. Cree, crea, croquetas

Crea, crea, crea.
Cree en ti y en lo que creas... Y crea.
Sigue creando.

Y haz croquetas; siempre está bien un plato de croquetas.